accord pensé

Édition : BoD • Books on Demand GmbH, In de Tarpen 42, 22848 Norderstedt (Allemagne)
ISBN : 978-2-3225-5091-3

Impression : Libri Plureos GmbH, Friedensallee 273, 22763 Hamburg (Allemagne)

Rédaction : 2024
Dépôt légal : octobre 2024

© Basty, 2024
www.etreconscient.com - basty.ecce@gmail.com
Tous droits de reproduction, d'adaptation et de traduction réservés pour tous pays. L'auteur et l'éditeur déclinent toute responsabilité directe ou indirecte quant à l'utilisation de ce livre et l'interprétation de son contenu. Les déclarations et illustrations proposées par l'auteur sont des représentations données à titre indicatif et laissées à la libre appréciation de chacun.

Basty

accord pensé

l'esprit des mots

accord pensé - l'esprit des mots

à corps pansés - l'esprit des maux

Si vous pensez cette humanité en moi, c'est d'accord.
Si vous pensez cette humanité en vous, c'est d'accord.
Si vous pensez cette humanité en l'humain, c'est parfait.

Suis-moi

Qui suis-je ?
Qui est-ce que je suis ?
Pourquoi tu es avec moi ?
Qu'est-ce que tu es pour moi ?

Des mots s'échappent sous ces chapes d'émaux.
Des maux sous chape sont-ils sans mot dire ?
Accord de mots par faits de maux à corps.
Esprit sensible en soi, sois sans cible en esprit.

ecce

Voici ce qu'il en est

Entre ce que l'on dit et ce que l'on fait, il y a souvent un fleuve qui sépare. Ce fleuve peut être très large et profond. D'une rive à l'autre, le décor peut perdre toute cohérence.

Si ce fleuve passe par l'être humain, ses rives sont l'esprit et le corps, le mental et le physique, la tête et le cul. La cohérence de l'ensemble ne peut s'envisager que par un lien qui relie les extrémités. Ce lien, c'est le milieu, le centre, le cœur, l'âme. Alors, l'humain ignore bien souvent ce cœur qui relie. Pourtant, il n'est pas de corps et d'esprit qui puisse exister sans âme.

Toutes sortes de raisons pourront être avancées pour justifier d'agir ou de réagir pleinement et exclusivement depuis son corps ou son esprit, au mépris de toute liaison au cœur. Mais aucune de ces raisons n'est recevable. Agir de corps ou d'esprit sans les relier à l'âme, cela génère la plus grande incohérence qui soit. Au mieux, ce n'est que perte de soi en diffusion dégradable, dégradée et dégradante. Au pire, c'est se pétrir de souffrance en fractures tenues et déchirées par violence. La raison n'a plus vraiment de sens. De nombreux qualificatifs expliqueront l'essence de cet état dévastateur, mais ils relient tous la peur. A mon grand désespoir, cet humain a peur du cœur. Pourquoi ? Peur de ne plus en sortir ? Peur de s'y perdre ? Peur de perdre corps et esprit ? Peur de se trouver à l'étroit ? Peur de ne plus voyager ? Peur de se bruler ? Peur de couler ? Peur de disparaitre ?... Peur d'avoir peur. Tout pour se relier à la peur plutôt qu'au cœur, c'est cultiver la peur des peurs.

Alors, dès lors qu'il y a ce fleuve en travers, ça fait peur. Mais ce fleuve est en travers parce que l'on refuse de le laisser nous traverser, parce que l'on a peur de suivre le lien de l'âme. Ce fleuve, c'est le mouvement de l'univers, il coule la vie. Ce flux nous dépasse, il ne s'arrête pas et passe par notre cœur de toute façon. A vouloir l'éviter, on passe de la tête au cul et du cul à la tête, au plus loin du cœur. Au cœur, c'est là que le courant est le plus fort, la profondeur insondable et le tourbillon irrésistible. On peut ne pas vouloir vivre avec ce fleuve, mais il passe quand même. On s'évertue à vouloir le contourner ou le franchir au plus loin du cœur, à la recherche d'un petit pont ou d'un discret passage à gué. On ne voit les rives de l'esprit et du corps que lorsqu'on les occupe. On occupe une seule rive à la fois, les deux sont séparées et ignorent le monde de l'autre. Le fleuve est en travers et la cohérence d'un être ensemble se perd.

Pourtant, le flux de l'univers d'une âme passe par le cœur. Il relie, unit et réunit, il communique et rejoint. Lorsque l'on s'appuie sur le cœur et que l'on accepte de se laisser traverser vers le corps et l'esprit depuis ce point d'attache, les rives s'expriment en un même milieu. La vision du paysage de l'esprit et du corps est plus juste depuis le milieu du fleuve qui les nourrit. Le tout prend sens et cohérence. Le contact est maintenu d'une rive à l'autre, par un fleuve qui porte dans un sens comme dans l'autre. Une union fluide est à l'œuvre d'un équilibre d'existence. Il n'est plus besoin de petit pont ou de discret passage à gué. On voyage porté par un flux, en un corps et un esprit toujours reliés à l'âme. Le cœur accompagne le physique et le mental en ce qu'ils peuvent produire de meilleur. L'un sait ce que l'autre dit pour pouvoir le faire, et l'autre sait ce que l'un fait pour pouvoir le dire.

Un travers qui sépare est un choix en peurs.
Un milieu qui relie est un choix en confiance.
Ce que l'on dit, ce que l'on fait et ce qu'il en est, c'est un équilibre entre soi et le mouvement de l'univers. Cela se vit entre corps, âme, esprit.

Reste à savoir dire ce que l'on fait, et savoir faire ce que l'on dit. Reste à voir ce que l'on fait de ses paroles, et voir ce que l'on dit de ses actes.

Des parts à venir

Depuis l'espoir d'un rêve en devenir
Je pars sans avoir appris à revenir
C'est un jour brumeux et silencieux
Un jour qui ne laisse rien voir de précieux
Ici ou ailleurs, le temps passera
Mais je pars voir s'il me lassera

Le voyage a été plein de départs
Quelques arrivées vers nulle part
Des rires et des pleurs pour le plaisir
Des amours et des guerres à se saisir
Des caresses et des vents cognant sur mon corps
Des sons et des silences mystérieusement d'accord
Des goûts et des odeurs sans noms qui me parviennent
Des films et des photos dont les images se souviennent
Des guerres et des amours à sortir de moi
Des pleurs et des rires pour l'émoi
Quelques retours bien en retard d'avance
Le voyage s'est soigné de toute espérance

Le temps n'est pas parvenu à me lasser, car les jours changeants sont précieux
J'ai appris à revenir où je ne suis pas passé, car je pars en plein rêve de mon milieu

Le pouvoir

Humain, homme, femme, montre-moi ta valeur...

Tu t'évertues à vivre de pouvoir.
Mais il t'échappe, il semble te tromper.
Tu cherches à contrôler et dominer ton monde.
Tu comptes bien décider et faire valoir ton autorité.
Tu comptes bien que l'on t'obéisse.
Tu es prêt à manipuler les gestes et les idées.
Tu débats et combats pour lui imposer ta volonté.
Corps et esprit, de la tête au cul, tu mets tout en jeu.
Plus rien ne compte, rien ne t'arrête.
Tu n'as peur de rien, sauf de mourir.
Sans le pouvoir, tu meurs.

Mais tu vas mourir sans l'avoir connu.
Tu te trompes tout seul.
Tu te mets en échec et tu souffres.
Tu te fourvoies et tu te perds.
Tu te défais et tu te ronges, corps et esprit.
Tu t'écorches, tu te blesses, tu te gangrènes.
Tu casses, tu salis, tu noircis et tu t'étouffes.
Tu meurs dans ta quête d'un pouvoir inaccessible.
Tu es contraint à te soumettre.

Pourtant, le pouvoir est pour toi.
Il est prêt à se donner à toi si tu l'accueilles.
Il est alors à toi et ne demande qu'à te servir.
Il voudrait te bâtir une vie glorieuse et étincelante.
Il voudrait t'offrir une vie sans peur de mourir.
Il se veut garant de ta place dans ce monde turbulent.
Il se propose de te présenter droit et franchement solide.

Mais tu n'as aucun pouvoir sur lui.
Comment peut-il ne pas t'obéir ?
Comment peut-il négliger ton autorité ?
Comment est-il encore debout sans crier pitié ?
Comment ne l'as-tu pas encore suffisamment brisé ?

Regarde-le, tu n'as aucun pouvoir sur lui.
Car il connaît le pouvoir.
Le pouvoir vit en lui.
C'est en soi qu'il s'exprime.

Le pouvoir est pour soi.
Le pouvoir de se diriger, le pouvoir de s'engager, le pouvoir de dire et de faire, de voir et de savoir, de réaliser et d'aimer.
Le pouvoir de vivre en partage, dans un monde vivant de pouvoir exprimer sa différence en conscience de soi.
Il n'y a pas de conscience de l'autre sans conscience de soi.
Il n'y a pas de pouvoir pour l'autre sans pouvoir pour soi.
La conscience de l'autre ne naît que de la mise en partage de la conscience de soi.
Le pouvoir pour l'autre ne naît que de la mise en partage du pouvoir pour soi.
Le pouvoir tout puissant est en partage.
Il est fort, sûr, souple, serein, déterminé, humble et lumineux.
Il se développe et se diffuse, mais il ne meurt pas.
On ne le pose sur l'autre que comme on l'incarne en soi.
Sans passer par soi, il n'y a pas de pouvoir, que des luttes et des guerres où tu mourras sans l'avoir connu.

N'aies pas peur, trouve ce pouvoir en toi et offre-le à ceux qui n'en ont pas. Alors, le pouvoir t'appartiendra aussi.

Tu m'aimes ?

Je t'aime, j'aime pas ce que tu fais.
Tu veux posséder, tu surveilles, tu questionnes, tu rôdes, tu contrôles, tu vas, tu viens, tu caches tes vies, tu caches tes avis, tu trompes, tu mens, tu fais ce que tu dis pas, tu dis ce que tu fais pas, tu te déshabilles et te rhabilles en urgence d'opportunité, tu compromets tes agendas, tu méprises, tu déshonores, tu salis, tu promènes corps et esprit sous toutes lumières et en toutes obscurités, pourvu que tu échappes à toute sincérité.
De coups de tête en coups de cul, tu veux être partout et tout mesurer de l'autre, pourvu que personne ne sache où tu es et qui tu es. Tu manigances pour assurer tes arrières et combler tes exigences insatisfaites. Chaque chose et chacun a son rôle, bien rangé, bien classé et ordonné à répondre à tes demandes sans trainer. Une vie bien remplie.
Tu es devenu malhonnête, acariâtre et bête. Tu soupçonnes et jalouses. L'ambiance est malsaine. Ton corps s'affaisse, ton esprit se noircit. Si ton regard n'est pas triste, il est inquiet ou hagard. Tu te salis sans compter. Tu te montres et tu salopes un peu partout avec un air de défi ou de pitié. Tu te remplis de matière, d'autres rapaces et sournois tournent autour, tu te fais salement piller ce que tu voles à l'autre.
Je t'intéresse. Ton amour est un amour d'intérêt commercial, mais tu ne veux pas payer. Ton amour est un amour d'intérêt social, mais tu ne veux pas partager. Ton amour est un amour d'intérêt sécuritaire, mais tu mets l'autre en danger. Ton amour est un amour d'intérêt hygiénique, mais tu pollues l'autre... Tu m'aimes ?

On ne peut recevoir en retour que ce que l'on diffuse. Qui es-tu ? Si personne ne le sait vraiment, peut-être l'ignores-tu aussi ? De quoi es-tu rempli ? Peut-être es-tu vide. Tu demandes de l'amour à tout va et tu n'es jamais comblé. Peut-être reçois-tu du vide. Le vide que tu distribues.
Trop pressé pour aimer. Tu ne t'aimes pas. L'amour doit être encombrant pour toi. Tu n'aimes pas. L'amour t'est un sentiment étranger. Si l'on t'en donne un peu, tu le jettes avec les lourdeurs de ton quotidien devenu trop pesant le soir venu. Mais tu en veux. Il parait qu'on doit en avoir pour être respectable et entier. Alors, tu demandes... Tu m'aimes ?

Y a pas de place dans ta vie pour l'amour. Tu le fuis. Mais il est là comme condition de ton existence. Soit tu l'acceptes et grandis avec lui, soit tu le refuses et te détruis avec lui.
Il s'agit de toi seul, ne cherche pas raison à tout ça chez l'autre. C'est d'abord en toi, au-dedans... Tu m'aimes ?

Ne salope plus, ne te cache plus, ne fuis plus, ne te presse plus, ne mens plus, ne pille plus, ne te donne plus en pâture. Nettoie, montre-toi, pose-toi là, prends ton temps, sois sincère, prends ce qui t'est offert, donne-toi en partage. Abandonne pour te trouver.

Lorsque l'on se regarde et se montre tel quel, on peut commencer à regarder l'autre et l'accueillir comme il est. Lorsque l'on connaît son contenu intime et que l'on est prêt à le partager, on peut commencer à connaître et partager celui de l'autre. Lorsque l'on est sincère avec soi, on peut commencer à espérer que l'autre le soit aussi. Lorsque l'on sait qui on est et que l'on s'aime, on peut commencer à aimer l'autre et être aimé.

Tu ne peux réellement donner et recevoir de l'amour sans commencer par t'aimer.
Quand tu aimes, tu ne compares plus ton amour avec celui de l'autre, le tien comme le sien suffisent.

Lorsque l'on s'aime, il y a des questions que l'on ne pose plus, ou juste quelques fois… pour le frisson connu. On a les réponses à ces questions sans les poser, tous les jours. Quand la réponse n'est pas claire, on regarde ce que l'on est devenu, et on donne tout ce que l'on en contient soi-même pour retrouver sa réponse en retour.
D'autres questions viennent. Ce sont des questions à soi, pour grandir son âme et sa fluidité, pour embellir son être de la tête au cul, par le milieu. Ce sont des questions à l'autre, pour lui donner plus, par le milieu.
Car quand on veut être aimé, il faut aimer. Quand on veut aimer, il faut s'aimer. Quand on veut s'aimer, ça passe par le milieu, au cœur. Le corps et l'esprit passent par le cœur.

Ne lui demande pas s'il t'aime dans ce vide intérieur caché derrière ce trop-plein de surface. Il vit ton corps comme tu ne veux plus le sentir, il voit tes yeux comme tu ne veux plus les regarder. Il est à cœur ouvert, tout ça est transparent pour lui.

Regarde-le. Penses-tu connaître son amour ?
Tu ne connais pas son amour.
Regarde-toi. Penses-tu connaître ton amour ?
Tu ne connais pas ton amour.
Regarde. Penses-tu connaître l'amour ?
Tu ne connais pas l'amour.

Est-ce que tu m'aimes ? Demande-moi plutôt qui tu es. Je te dirai si tu t'aimes, je t'aiderai à vivre l'amour pour que tu le vois dans tes yeux.

N'en fais pas une affaire de raison ou de cul. N'en fais pas une affaire de couple ou de personnalité. N'en fais pas une affaire d'homme ou de femme...
Fais-en une affaire de relations humaines. Fais-en une affaire de ton être entier. Car l'amour est ta condition première. Tout passe par là si tu l'accueilles comme si tu le nies. Si tu le nies, c'est à tous les niveaux que tu salopes. Si tu l'accueilles, il se développe en toutes relations, toujours plus confidentiel et intime, pour s'approcher toujours plus près de ton unique. Si tu l'accueilles, il se répand à toute échelle des autres, profitant à tous sans exception, devenant plus précieux pour certains plus rares, et consacré dans sa forme unique pour ton autre choisi.
Connais simplement ton amour avant de connaître celui de l'autre pour vivre plus près de l'unique.

Choisis-toi, aime-toi, fais-le pour toi, mais n'oublie pas que tu le fais aussi pour choisir les autres, pour aimer l'autre.
Tu m'aimes ? Je t'aimerai toujours mon amour.

Revoir l'horizon

Revoir l'horizon
Celui qui ne me disait rien de bon
Revoir l'horizon
Celui qui m'appelait de sa douce chanson
Revoir l'horizon
Celui que je n'ai jamais franchis
Revoir l'horizon
Celui qui m'a conduit à aujourd'hui

Revoir l'horizon du fond de tes yeux
Revoir l'horizon d'un regard précieux
Revoir l'horizon du haut de mon sommet
Revoir l'horizon que ce mur me promet
Revoir l'horizon immobile sans fissures
Revoir l'horizon défiler à toute allure
Revoir l'horizon plaqué au sol à le toucher
Revoir l'horizon à l'envers sans trébucher
Revoir l'horizon par la fenêtre du fond
Revoir l'horizon encore plus profond
Revoir l'horizon de la mer s'évanouir
Revoir l'horizon se former avant de tout enfouir

Entre terre et cieux
Vois et vis heureux

Une nuit des moi

Je voudrais dormir dans tes bras
Te serrer doucement tout contre moi
Je te caresserais de tous mes doigts
Tu t'envelopperais tout autour de moi

Je glisserais ma peau entière avec la tienne
Ton mouvement serait devenu le mien
En un monde où seuls les amours parviennent
Dans un fluide sensitif que rien ne retient

Nous serions l'un et l'autre embrassés
Nos douces étreintes nous confondraient
Dans un parfum de tous nos rêves brassés
Un souffle profond et léger nous envolerait

A ton âme paisible, je mêlerais mon cœur
Ta mélodie rythmerait mon espace disparu
En un temps évanoui dans notre douceur
Emplis du tout du rien de l'unique apparu

La nuit deviendrait notre vie vécue pleinement
Nous l'attendrions à la lumière de nos jours
Nous ouvririons les yeux pour nous retrouver en les fermant
Nous passerions de la veille au lendemain en plein jour

Au réveil, la lumière tendre sur nos corps
Les pensées d'un univers sacré d'amour
Le cœur rayonnant du dedans au dehors en accord
Le secret d'une éternité dévoilée par amour

Une journée de toi

Je me lève avec l'humeur de mon réveil strident
Il a compté les heures dans ma tête toute la nuit
Je sais pas si j'ai le temps de me laver les dents
Il est tôt, mais j'attends déjà les premiers ennuis

J'ai prévu ma journée, elle n'est ni moche ni belle
Ça me rassure, la surprise sera moins violente
Le pire serait qu'il ne se passe rien, sans nouvelles
Mais je me laisserai pas ignorer, je suis une battante

Si c'est comme ça, je vais un peu exciter l'air
Je vais mettre le bouillon partout où je vais
Peu importe, quelqu'un réagira, curieux ou fier
Peu importe, j'ai prévu le bon comme le mauvais

Je veux juste de la surprise, souffrance ou douceur
Je veux pas me retrouver face à moi dans le vide
J'ai fait tout ce que l'administration m'a demandé
J'ai droit à la tranquillité, je veux pas penser

Je vais vivre ma journée bien rangée en bordel
On me dira pas que je mérite pas mon salaire
J'ai pas assez gagné, je peux pas mourir aujourd'hui
Ça fait peur de mourir trop tôt, sans argent

Dès que j'aurai assez gagné, je me barre d'ici
Il me tarde d'être assez riche pour mourir
Le travail paye et tant pis pour les autres
Moi, je me le paye ce repos précieux

Pouvoir mourir sans crainte de rater sa mort
Peu importe qu'on me prenne ma vie
Personne ne me prendra ma mort
Je suis pas du genre à me laisser intimider

Ahhh, c'était une belle journée
Enfin, pas belle, parfaitement négociée
Pas une minute de vide pour penser
Quelques emmerdes, quelques douceurs

Faudrait quand même pas ça tous les jours
Je pourrais m'habituer à un confort malsain
Je pourrais me laisser attendrir ou me lasser
Je pourrais me trouver piégée à raisonner

Heureusement qu'il y a des jours plus violents
Peu importe les larmes et le sang
C'est le bon coup de fouet qui réveille
Laissons le bonheur paisible aux cons

Je vais me laver les dents et coucouche dodo
Tu peux sortir le réveil du tiroir s'il te plait
'Ah oui, pardon, j'ai failli l'oublier'
Je me disais aussi qu'il manquait un petit truc

Bonne nuit mon chéri.
Et n'oublie pas que dans quatre mois pile, on a rendez-vous pour ton petit ulcère purulent du kiki gauche. Je viendrai avec toi, j'ai l'impression que mon petit furoncle abrasif de la muqueuse est revenu. Prends ton cachet s'il te plait, j'ai pas envie de t'entendre gémir. Je t'aime.

Consensus

Toi et moi, nous vivons heureux
Nous sommes beaux et chaleureux
Nous aimons la nature et les animaux
Nous travaillons vite et bien au bureau

Je te parle avec ta permission
Tu me regarde en soumission
Je te touche en petite portion
Tu me sens avec modération

Nous respectons notre mépris
Nous gardons nos tromperies
Nous partageons des compromis
Nous acceptons nos petits vomis

Le matin, nous apprêtons notre corps parfumé
L'aprèm, nous laissons notre esprit transpirer
Le soir, nous vernissons les artistes et amis
La nuit, nous fermons les yeux et les ouïes

Nous ne nous sommes jamais vus tout nus
Mais nous savons que chacun se rase et s'épile
Nous ne nous connaissons pas d'émotions
Mais nous savons que notre linge est bien lavé

Nous avons une vie bien remplie, chacun de son côté et unis pour se légitimer. Finalement, tout va bien, le con s'en suce.

Décédé

Tu es décédé
Je peux pas comprendre que ça puisse être le moment de partir pour toi
Je peux pas comprendre que ça puisse être le moment de ton départ pour moi
Tu t'en es allé

On s'attendait pas à pas s'y attendre
On sait même pas si tu étais au courant
Tu es simplement mort en inspirant
Moi, je t'ai juste senti te détendre

Ton corps était posé là
J'espérais te voir revenir
Au moins pour prévenir
Mais tout s'est arrêté là

Ils se sont tous occupés de toi
Tout le monde savait ce qu'il faut faire
Je crois qu'ils t'ont parfumé et mis en terre
Moi, je suis resté là, simplement sans toi

Je suis en vie
Je sais rien faire d'autre tout seul, même pas inspirer pour me détendre
Je sais pas m'entrainer, tu semblais tout réussir simplement sans prétendre
J'ai pas d'envie

Si tu étais là, je suis sûr que tu pourrais me faire inspirer.

Ailleurs

J'irai ailleurs
Dans un pays sans pleurs
Dans un pays sans peurs
Au pays des fleurs

J'irai ailleurs
Dans un pays plein de couleurs
Dans un pays plein de douceurs
Au pays du bonheur

J'irai ailleurs
En oubliant le malheur
En oubliant la douleur
Au pays des enchanteurs

J'irai ailleurs
Retrouver ma grandeur
Retrouver ma candeur
Au pays des rêveurs

J'irai ailleurs
J'amènerai les bateleurs
J'amènerai les inventeurs
Au pays des explorateurs

J'irai ailleurs, en mon meilleur
Je vivrai de lenteur, de l'intérieur à l'extérieur
Je vivrai de splendeur, de l'extérieur à l'intérieur
Au pays des charmeurs, en plein cœur

Un jour, je serai petit

Quand je serai petit
Je serai grand, très grand
Je serai fort, très fort
Je serai beau, très beau

Je soignerai tout le monde
Même les plantes et les animaux
Même les laids et les méchants
Même avec des potions magiques à boire

Je construirai des maisons
Avec des grands jardins et des arbres
Avec plein de bonne nourriture à manger
Avec des cabanes pour faire des trucs

Je serai amoureux
Avec une chérie très gentille
Avec des cheveux longues et un sourire
Avec la bonne taille et les yeux comme moi

J'aurai beaucoup de copains
Même des grands et des petits
Même des marrants qui savent rien faire
Même si ils parlent pas comme moi

Quand je serai petit
Je te dirai tout ce que je sais
Je te dirai tous les secrets
Je te dirai que j'aime t'aimer

L'opportunité est pour toi

Peur de mourir de faim
Peur de mourir de soif
Ton corps et ton esprit avalent
Ton corps et ton esprit vomissent

Tu cherches l'opportunité sans cesse
Tu provoques l'insatisfaction permanente
Tu te rends à toute occasion de t'exposer
Tu cours au rendez-vous de tout appel

Toujours alerte à mêler l'agitation
La priorité est de se faire exister
Exister sur l'autre et par l'autre
Posséder ou se faire posséder pour vivre

Toujours s'exciter du contact à venir
L'urgence est de ne rien laisser passer
S'assurer que le vivant est aussi en toi
Entrer dans la chair par tous les moyens

Tu te jettes au premier regard
Tu te penches à la première parole
Tu épanches ton corps au premier sourire
Tu appelles la prise et baise au premier signe

Ton corps et ton esprit putassent
Ton corps et ton esprit suppurent
Tu mourras de faim de l'autre
Tu mourras de soif de l'autre

Car ton âme ne te nourrit plus, tu l'as bannie

Je te dirai

Je te dirai la lumière qui danse dans tes yeux
Je te dirai la vie qui s'agite dans ton corps
Je te dirai le rêve qui amène ton esprit
Je te dirai l'amour qui habite ton cœur

L'univers est en toi, tu le tiens dans tes mains
La vie est pour toi, elle t'appartient d'hier à demain
Le rêve est ton histoire d'un parcours en semence
L'amour est ton pouvoir et ton secret d'existence

Ce vaste monde t'accueille en un flux continu
La vie foisonne en un renouvellement continu
Le rêve se colore et s'échappe vers les goûts de l'autre
L'amour est toujours la seule condition pour l'autre

Tu voles, tu danses et tu plonges dans cet inconnu
Tu absorbes, comprends et transformes cet inconnu
Tu crées, explores et partages le décor de l'autre
Tu unis, relies et épouses le corps de l'autre

Rien ne t'appartient dans ce cosmos incertain
L'effervescence de ce mouvement est ton maintien
Le scénario est tissé de mystères en toutes substances
L'abondance du milieu s'échange en droits de subsistance

Tu verras la lumière animer des yeux
Tu verras la vie exprimer des corps
Tu verras le rêve réaliser des esprits
Tu verras l'amour dans tous les cœurs

En équilibre

Aspiré d'un côté, inspiré à l'opposé
Tour à tour, je bascule et contrebalance
Toujours relié au centre de la scène, je danse
Je suis là, c'est mon attache où tout est posé

Ainsi, j'explore les alentours
Je suis des courants porteurs
J'élargis le périmètre de l'heur
Je nage des vagues en retour

Mes aventures nourrissent mon message
Mon monde se colore de l'expérience
Je colore le monde de ma connaissance
Je nourris de riches récits de voyage

Ma vie tient au centre qui me contient
Il me préserve des chemins fuyants
Il est mon refuge par temps bruyant
Mon équilibre lui doit son maintien

Le lâcher serait perdre mon seul intime
L'idée de le négliger me noie de mépris
L'idée de l'oublier me paralyse corps et esprit
Le nier serait l'ignoble injure ultime

Mon centre, c'est mon cœur
Je ne connais rien que lui
Je ne sais pas vivre sans lui
J'y suis bien, je suis ce cœur

Ceci est ton corps

Il est ta forme
Il est ta présence
Il dit tes réformes
Il dit ta résilience

Il t'accompagne et te nourrit
Il te montre et te protège
Il t'informe et te relie
Il te reflète et te partage

Il te transpire et te contient
Il te délivre et t'expose
Il te connaît et te préviens
Il te dévoile et te prépose

C'est toi ou lui qui concrétise
C'est toi ou lui qui bouscule
C'est toi ou lui qui réalise
C'est toi ou lui qui formule

C'est toi ou lui qui maitrise
C'est toi ou lui qui articule
C'est toi ou lui qui mobilise
C'est toi ou lui qui manipule

Il est ta place, grandis-le
Il est ta réponse, anime-le
Il est ton pouvoir, déploie-le
Il est ton temple, aime-le

Tu l'habite au cœur, il est précieux, il porte ton cœur

Ici, humain aussi

Il habite un peu ici
Il vit un peu partout
Il concrétise l'esprit
Il volatilise le corps

Il est dévoué à votre service
Il s'en remet à vos demandes
Peu lui importe les mœurs
Il n'écoute que les cœurs

Il clame des paroles
Il remue des tempêtes
Sa paix n'a pas de prix
Il avance sans remords

Il est au lieu et à l'heure
Il agit juste par évidence
Personne n'a rien vu ni su
Mais l'affaire est entendue

Il écoute l'univers
Il joue à l'équilibre
Il travaille pour l'humain
Il pousse des possibles

Il fait et défait le sang
Il assouplit les corps
Il tranquillise les esprits
Il modère les sentiments

Il libère les trop-pleins
Il régule les carences
Il relance la danse
Il apaise les transes

Il est une sorte de magicien
Il est une sorte de sorcier
Il aime son destin
Il aime se consacrer

Si les gens l'entendaient
Ils le bruleraient vif
Ceux-là même qu'il soigne
Ceux-là même qu'il aime

Ta peau

Ton corps dévoilé
Mes sens aspirés
Ta sensualité révélée
Mon existence inspirée

Du bout des doigts
Toucher en suspension
Caresses en émoi
Parcours de sensations

Effleurer et glisser
Suivre ta courbure
S'échapper et s'immiscer
Epouser ton écriture

S'élever aux courbes charnues
Tomber aux vallées prometteuses
Electriser en frissons contenus
Explorer en digressions délicieuses

Tourner autour de monuments sacrés
Retrouver la ligne bientôt évanouie
Promener en délicat indiscret
Réveiller des chatouilles adoucies

Mon corps envoûté
Tes sens éveillés
Ma sensualité exaltée
Ton existence déployée

Ta relation

Ta relation humaine
Ton lien social
Ton droit à la migraine
Ton isoloir crucial

La vie s'exprime en groupes
Condition d'existence non négociable
Tu fais partie d'une troupe
Etat d'appartenance indiscutable

Collectif ou individuel
Sociable ou solitaire
Ta dualité mais pas un duel
Ton identité sans mystères

Entre autonomie et dépendance
Entre singularité et similarité
Ton arrogance en souffrance
Ta quiétude en pleine disparité

Le consensus est inévitable
Ta liberté est mutualisée
La concession est indubitable
Ton dogme est communautarisé

Ton hyper-sociabilité
Ton hyper-solitude
Ton rêve de stabilité
Ton cœur à l'étude

Perte de soi

Perte de connaissance
Connaissance de soi
Soi par procuration
Procuration illusoire
Illusoire de se dérober
Dérober l'essence
L'essence intime
Intime réalité
Réalité engrammée
Engrammée dans le corps
Corps et esprit
Esprit exprimé
Exprimé de vérité
Vérité conditionnée
Conditionnée de paroles
Paroles et actes
Actes manqués
Manqués à jamais
Jamais révélés
Révélés en secret
Secret partagé
Partagé pour aimer
Aimer ensemble
Ensemble retrouvé
Retrouvé au fond
Au fond du vide
Vide de silence
Silence assourdissant

Assourdissant de lumière
Lumière reconnue
Reconnue en soi
Soi en l'autre
L'autre et moi
L'autre émoi

L'énergie du vide

Le vide est un espace ne contenant plus rien. S'il n'y a plus rien, il n'y a plus d'espace. Effectivement, l'espace émerge de la mise en relation de différents objets établissant certains rapports de distance entre eux. C'est dans le vide, représenté par la distance entre les objets, que l'espace se modélise. Mais alors, l'espace est bien rempli de vide. Oui. Mais alors, quand il y a du vide, il y a quand même de l'espace. Oui, mais seulement si des objets sont présents pour modéliser l'ensemble. Il faut comprendre que l'espace conditionne la matière, et la matière conditionne l'espace.

Ensuite, en toute logique, il faut envisager l'idée que le vide n'est pas vide pour tout le monde.
Le vide 'banal' entre deux meubles est en fait un vide rempli de gaz. Les particules ou molécules qui forment ce vide sont des objets ou éléments. Ce vide apparent est donc plein. Même s'il ne s'agit pas de matière solide comparable à des meubles, c'est une matière exprimant des molécules sous forme diffuse, dilatée, dispersée.
Le 'vrai' vide consisterait à dire qu'il n'y a plus rien du tout dans cet espace, plus aucun élément. Ce 'vrai' vide existe et on le connait. Si une machine fait le vide dans un sachet plastique de congélation, il ne reste plus rien que les parois du sachet collées l'une contre l'autre. Il n'y a effectivement plus rien dans le sachet, et plus d'espace.
Mais en allant un peu plus loin, on sait aussi qu'il existe un vide étant un espace ne contenant rien. Un espace bien réel qui pourrait contenir des éléments, mais... vide. Un volume de vide. C'est le cas dans le petit monde des atomes, et donc

de tout objet ou élément. Cependant, des éléments peuvent circuler dans cet espace inoccupé. Mieux encore, ce volume est inoccupé car il ne contient pas d'éléments (au sens de matière organisée quelle que soit sa forme), mais il n'est peut-être pas vraiment vide. Ce vide pourrait être occupé par un autre type de contenu. Il est rempli de ce que l'on peut appeler 'magnétisme', ou bien 'champ magnétique'. Il s'agit d'une pleine étendue, et non pas d'éléments distincts et parsemés de-ci de-là. Le magnétisme, c'est cette étendue de vide qui remplit un espace sans matière. Ce contenu est plus ou moins dense et plus ou moins agité. Il reste sous forme de magnétisme tant que ses conditions d'agitation et de densité le permettent, tant qu'il n'y a pas formation de concrets qui donneraient lieu à des particules et de la matière. Alors, ce contenu est simplement vibratoire, il est très peu dense, ça va très vite et il s'exprime donc sous formes ondulatoires. C'est de l'information 'pure'. De l'information non réalisée concrètement en matière. Par évidence, l'information n'est pas à proprement parler de la matière. L'information est émise par la matière et sert à la décrire. Ou bien, l'information décrit la matière de façon à pouvoir la réaliser. La matière représente l'information condensée dans différentes conditions. L'information est un message qui permet de se représenter un élément dans différentes conditions, sans pour autant l'avoir en main ou le posséder concrètement. Cette information, c'est donc ce magnétisme qui remplit le vide de l'espace. C'est une information neutre et globale, non rattachée à des conditions particulières d'expression en matière. Une même information est un potentiel d'expression d'une multitude de formes concrètes. Elle s'organise et révèle une forme en fonction des conditions d'un milieu de vie appelant une réaction en condensation. Ce magnétisme est ondulatoire, il vibre, il se déplace, il se diffuse, il interagit.

Dans notre contexte matériel, ce vide est donc rempli d'une information, la plus neutre que l'on puisse envisager, à l'origine de l'organisation d'éléments concrets. Ce contenu magnétique est aussi dépendant de son environnement matériel qui va déterminer ses formes d'expression, ou d'organisation, entre onde et matière. Le magnétisme est une sorte d'information libre, non exploitée, non associée (...on peut parler d'éther). Cette information exerce une influence sur les objets présents alentour. Elle définit les conditions d'existence avec lesquelles ils doivent composer. Mais tous ces mêmes objets l'alimentent aussi, et elle en reflète le milieu de vie commun. Chaque objet émet une vibration propre représentant son modèle informationnel sous forme ondulatoire. Ce modèle participe à l'ensemble du magnétisme occupant le vide d'espace à portée d'influence. Il en résulte une sorte de consensus informationnel de l'espace considéré dans sa globalité, sous influence de toutes ses composantes. Le magnétisme est continuellement renouvelé. De l'information ondulatoire est convertie en matière, et la matière émet une information vibratoire. Dans un sens comme dans l'autre, les transitions se font vers un même objectif de maintien de l'équilibre du milieu. Le milieu du vide magnétique est garant de la stabilité de l'ensemble d'un espace et de son contenu.

Le magnétisme voyage vite, très vite. La matière (toute forme corpusculaire correspondant à une concrétion) exprime un état vibratoire plutôt lent. On peut considérer que plus c'est dur, plus c'est lent. Le plus rapide, qu'il nous est donné d'observer concrètement, c'est la lumière. Elle s'exprime effectivement de façon corpusculaire, en raison du besoin d'apaiser un milieu ou de sa matérialisation au contact d'éléments matériels (elle participe donc en ce sens à l'équilibre du milieu). Toute information vibratoire est considérablement ralentie dès lors qu'elle relationne avec la matière. C'est bien un des rôles de la matière de ralentir et apaiser l'ambiance. Mais en dehors de formes concrètes, à l'état et dans les conditions d'un magnétisme 'libre', l'information est bien plus rapide. Ce que l'on pourrait envisager comme une vitesse de déplacement, ou d'accès à l'information du magnétisme, est simplement de l'ordre de l'instantané pour nous. Cela est bien plus rapide que la lumière vue au travers de son photon, et cela laisse percevoir des distances abolies. Mais ce n'est que de l'information non exprimée, neutre et globale, non signifiante en termes de représentation matérielle effective, hors contexte d'un espace-temps solide, c'est juste un potentiel en devenir.

Le vide est plein de magnétisme. Le magnétisme est une information potentielle. Lorsqu'il y a trop d'agitation ou relation proche avec un milieu réactif (matière dense), l'information devient signifiante et se concrétise dans des conditions à même de participer à l'équilibre du milieu de vie. Retenons que le magnétisme est ce vide informationnel et ondulatoire, qu'il est très rapide et qu'il est en relation directe avec les différents états de matière que nous connaissons.

L'énergie peut être associée à une quantité de mouvement. Un mouvement n'est jamais sans conséquence, il interagit au sein de tout un environnement cohérent. L'énergie est alors un mouvement informationnel, porteur de nouvelles options de modélisation et appelant de nouvelles réactions compensatoires. L'énergie est partout où ça bouge, et tout bouge.

Onde ou matière, tout vibre. Mais nous avons vu que tout ne vibre pas sur le même tempo. La matière est lente et concentrée, l'onde est plus rapide et expansée. Il y a des matières plus lentes que d'autres, et des ondes plus rapides que d'autres. Les vibrations que nous connaissons assez bien pour les utiliser sont 'lentes'. Elles sont directement issues de la matière qui elle-même est très lente, même si des ondes électromagnétiques émanant de courants électriques sont plus rapides que des ondes sonores émanant d'objets solides. Plus la matière est 'solide' et 'stable', plus le mouvement est lent. Plus une onde transite une information globale et distancée d'une matière déterminée, plus elle est complexe, plus son potentiel exprimable est large, plus son potentiel magnétique est riche, et plus son mouvement est rapide.
S'agissant d'énergie, plus un mouvement est puissant, plus il traduit une forte énergie. La rapidité de mouvement est un facteur déterminant de sa puissance et donc de l'énergie déployée. Si nous cherchons une forte énergie, nous pouvons nous tourner vers quelque chose de rapide. Le plus rapide semble se trouver dans le vide. Le magnétisme, qui occupe le volume du vide, s'exprime sous forme d'ondes complexes, plus rapides que tout ce que nous avons pu envisager jusqu'alors.

L'énergie du vide peut s'envisager comme le potentiel énergétique du magnétisme. Elle est donc partout autour de nous... et en nous. Puisque le vide magnétique occupe l'essentiel du volume de notre espace, cette énergie est la plus abondante, la plus puissante, la plus universelle, applicable à un large spectre d'applications de par sa neutralité malléable. L'énergie du vide est un potentiel faramineux. Mais elle reste un potentiel à saisir.

Ce potentiel, la nature s'en saisit. La nature l'exploite continuellement, c'est le moteur de l'équilibre vivant. Toute l'information établissant la cohérence de notre milieu de vie se trouve là. Toutes les transformations et tous les états de matière sont des potentialités codées dans un même message globalisé au sein du magnétisme du vide. Une onde magnétique est un ensemble de possibles qui s'organiseront et se spécialiseront en fonction des données du milieu dans lequel elle se propage. Toute forme de matière est un potentiel à émerger du magnétisme. Cependant, le magnétisme baigne toujours dans un milieu de vie qui détermine d'ores et déjà une première orientation. Le magnétisme d'une cellule est calibré en fonction du cadre de vie et de stabilité de cette cellule. Le magnétisme intersidéral, en fonction d'un ensemble planétaire. Le magnétisme humain, en fonction d'un organisme vivant basé sur son cœur. Tous les vides magnétiques sont calibrés sur le cœur du système avec lequel ils travaillent. Ils nourrissent le système, et le système les nourrit. Mais dans tous les cas, bien qu'il puisse déjà être orienté vers une forme relative à son système proche, le magnétisme reste un potentiel d'expression universel de toutes formes imaginables. C'est ce qui permet aussi à l'information du vide de relationner et s'échanger avec les systèmes voisins.

Le principe de conversion, de l'information vers la matière et de la matière vers l'information, est toujours le même. Considérant l'information comme magnétisme, du magnétisme émerge l'électricité, de l'électricité émerge la chimie, de la chimie émerge la matière. Le processus est identique en sens inverse, de la matière vers la chimie, puis l'électricité et enfin le magnétisme. Il s'agit d'un cycle immuable et valable en toutes conditions. Il est important de comprendre que les différents états de l'information se conservent à tous les niveaux. Il s'agit simplement de l'expression d'une forme prépondérante à chaque développement, mais l'entièreté de l'information et de ses potentiels est conservée. C'est ce qui autorise les transformations cycliques. Les transitions, du magnétisme vers la matière comme de la matière vers le magnétisme, se font sans aucune perte d'information et de potentialités. Par exemple, comprenez que la matière est composée de structures moléculaires 'figées', mais aussi de réactions chimiques associées, de courants électriques orientés, et de magnétisme occupant l'interface de vide informationnel en interne et en externe. Tous les états coexistent dans un élément de matière. La matière est au sommet du cycle, et elle contient tous les états précédents car elle conserve l'entière information mais n'en exprime qu'une partie spécifique. A contrario, le magnétisme est la base du cycle. Il est donc présent à tous les niveaux supérieurs de transformation. Cependant, il ne contient pas d'autres états réalisés que sa propre forme lorsqu'il est seul ou 'pur' magnétisme. En résumé, le magnétisme se suffit à lui seul, l'électricité cohabite avec le magnétisme, la chimie cohabite avec l'électricité et le magnétisme, et la matière cohabite avec la chimie, l'électricité et le magnétisme. Dans tous les cas, l'information du potentiel global (exprimé + non exprimé) est conservée et identique. L'éther est conservé, il change simplement de forme exprimée. Ce changement peut être vu comme une modification d'organisation du magnétisme privilégiant un codage particulier, un message plus ou moins finement déterminé. C'est une modulation de densité et de mouvement de l'information. Ce mouvement définit l'énergie mise en jeu, l'énergie exprimée et le potentiel

énergétique contenu. Cette affaire de transition est alors fondamentale quant au déploiement de l'énergie.
Plus la transition d'un état à l'autre est progressive et douce, plus le mouvement est progressif et doux. L'énergie déployée semble maitrisée et constructive, tant en interne qu'en externe. La conversion d'état, opérée en interne d'un élément, se fait dans le même temps que l'environnement externe puisse s'y adapter tout en conservant son intégrité. L'énergie est contenue dans le périmètre dédié à l'opération, elle est exploitée à bon escient. Le rendement est optimisé selon le meilleur compromis à établir entre une nécessité interne et un contexte externe, ou l'inverse, en priorisant le meilleur équilibre global du milieu de vie.
Plus la transition d'un état à l'autre est rapide et brutale, plus le mouvement est rapide et brutal. L'énergie déployée est concentrée en un temps et un espace contraints. L'énergie est explosive. Elle est destructive au-delà du périmètre de l'opération de transformation mise en œuvre. L'élément même à l'origine de la transition est mis en péril, de façon directe par la violence du mouvement, et de façon indirecte par la déstabilisation de l'équilibre du milieu de vie.
La nature est faite de ces transitions permanentes vouées à maintenir le meilleur équilibre. C'est simplement ce que l'on peut appeler 'le vivant'. Les transitions naturelles sont majoritairement progressives et douces. C'est en particulier vrai pour des organismes complexes (comme le corps humain). Ce type d'ensembles contient une grande diversité d'états (magnétisme, électricité, chimie et matière), et cela permet plus de souplesse et d'étagement de 'petites transitions' assimilées vers de 'grandes transformations'. Cependant, de temps à autre, la nature opère aussi quelques réajustements rapides et brutaux. Certains peuvent être

dévastateurs, tant sur de petits éléments que sur de grands ensembles. Pour exemples modérés et parlants, un orage sur nos têtes ou une poussée de fièvre dans notre corps en sont des manifestations. Ces évènements ont toujours pour objectif de réguler l'équilibre d'un système.

En dehors des évènements naturels, il y a ceux que nous provoquons… Nous cherchons à canaliser l'énergie, la dériver pour l'utiliser à des fins déterminées. Il n'est pas rare que nos objectifs soient tournés vers la satisfaction d'un confort immédiat, des besoins égocentrés et pas toujours naturels. Cependant, cette démarche revient à optimiser une mécanique naturelle, et cela nécessite d'en comprendre et respecter les règles de fonctionnement. Alors, plus l'outil est d'un potentiel puissant, plus son utilisation doit s'envisager dans un cadre bien établi. Un cadre de maitrise élevée, et un cadre vertueux pour l'ensemble du système naturel auquel nous appartenons. Un défaut de bonne compréhension, ou d'orientation trop égocentrée, pourrait représenter un risque majeur.

En pratique, nous savons diriger des flux, les canaliser et les concentrer, pour générer une énergie augmentée en un point ciblé et opérer certaines transformations. Entre autres, nous utilisons l'eau, les combustibles, l'air, l'électricité et la lumière de cette manière. Nous les combinons aussi pour obtenir l'un à partir de l'autre par exemple. Les applications sont multiples : véhicules, éclairage, communications, stabilisation et régulation de milieux, opérations de précisions, etc. Il est toujours question d'énergie, de transformation ou de stabilisation, et de canalisation de l'impact en un lieu et un temps définis. Une des dernières avancées, bien connue et notable, est le laser par exemple. Le laser, cela peut être vu comme l'utilisation de l'électricité pour générer de la lumière, la concentrer et la canaliser. C'est une maitrise de l'énergie qui peut s'avérer puissante et fort utile, mais aussi dangereuse. Et après l'électricité et la lumière…? Après, pour espérer plus puissant, on peut penser à plus rapide. Plus rapide, c'est le magnétisme.

Avec de l'électricité, on génère de la lumière. Mais on sait aussi qu'avec de l'électricité, on génère forcément un champ électromagnétique. Nous savons canaliser l'électricité, nous savons canaliser la lumière… il ne reste plus qu'à canaliser le magnétisme pour optimiser l'énergie du vide. Yaka.

Concentrer et canaliser le magnétisme, c'est concentrer et canaliser une énergie potentielle. Cette énergie potentielle contient toute puissance et modulabilité. Ses applications et ses risques sont donc extraordinaires. Pour le principe d'utilisation, il est comparable à ce qui se fait de nos jours. Les conditions d'exploitation sont évidemment bien plus prometteuses, mais bien plus délicates. En considérant le magnétisme comme la 'substance première' de toutes les autres formes et énergies, tout autre élément est réactif à ses variations. Prenez un caillou et déplacez-le dans un champ magnétique modifié, il s'adapte et les effets seront fonction du différentiel d'intensité du champ magnétique. Prenez un bonhomme humain et déplacez-le dans un champ magnétique modifié, idem. S'agissant d'un humain, le psychisme (informationnel) est affecté avant le physique (matière concrète). Un état magnétique modifié implique un état de conscience modifié par exemple. S'agissant d'un caillou, il n'est pas question de psychisme mais directement d'état de matière. Un état magnétique modifié implique un état d'organisation moléculaire modifié. Tout ceci illustre simplement des changements d'état. Tout va bien tant que ces changements sont supportables par l'élément concerné, et tant que la transition reste 'progressive et douce'. Les limites supportables, comme la vitesse de progression admissible, varient en fonction de chaque élément. Un humain et un caillou n'affichent pas le même spectre d'adaptabilité, ou du moins pas les mêmes critères.

Alors, dans des conditions maitrisées, il peut être envisagé d'exprimer tous les états imaginables entre onde et matière. On parle même de matérialisation et de dématérialisation. On parle même de dématérialisation et rematérialisation, disparition et réapparition, dans une maitrise très fine supposant de conserver la cohérence de la structure informationnelle (ou moléculaire) de l'élément disparu... C'est faramineux. Plus sobrement, il s'agit de s'offrir ce que certains appellent un 'état de conscience modifié', ou bien de voir des barres de métal se tordre toutes seules. Je prends ces exemples 'sobres', car certains humains semblent capables de les induire d'eux-mêmes. Effectivement, il me semble important de rappeler ici que le champ magnétique n'est pas qu'externe, mais qu'il est aussi généré en interne. Aussi bien que nous devrions nous adapter à un milieu magnétique modifié dans lequel nous serions plongés, nous pouvons aussi modifier par nous même le milieu magnétique dans lequel nous baignons. Nous pouvons également concentrer et canaliser notre état magnétique afin de le diriger de façon ciblée à l'extérieur, pour tordre une barre métallique, déplacer des objets, ou partager de l'énergie avec quelqu'un d'autre par exemple.

Maintenant, il est plus évident que ce genre de bricole peut être déployé plus puissamment, sur le même principe que de concentrer et canaliser de l'électricité ou de la lumière. Tout ça demande des capacités technologiques plus avancées, mais c'est accessible...

Attention danger !...
Trouvez un contenant convenable pour stocker du vide (une atmosphère la plus propre possible) et résistant à une forte pression, agitez le contenu depuis l'extérieur (par une forte puissance électrique diffusée sur le contenant par exemple), le vide intérieur s'agite, c'est juste de l'information agitée, c'est juste du magnétisme qui se concentre. La concentration devient telle que le contenant réagit, et… tout pète suivant un changement d'état rapide et brutal. Les dégâts externes sont proportionnels au différentiel de tolérance entre le contenant et les éléments du milieu externe environnant.

Faites la même opération et, juste avant que le contenant réagisse, prévoyez une échappatoire pour que l'onde magnétique puisse s'évacuer. Cette échappatoire canalise et oriente un flux concentré vers une cible choisie. Vous lâchez tout d'un coup. Tant que l'onde voyage dans un milieu peu réactif (l'atmosphère), elle voyage… Lorsqu'elle rencontre un milieu réactif (matière dense), il y a changement d'état rapide et brutal…

Attention, miracle !... ou pouvoir…
Suivant un principe similaire, stockez et isolez un volume de vide. Prévoyez de pouvoir modifier son état informationnel, depuis l'extérieur ou depuis l'intérieur. Vous pouvez alors exciter ou apaiser ce milieu magnétique. Cette fois, vous maitrisez et modulez le champ magnétique. Une fois que le potentiel énergétique et informationnel voulu est stabilisé, vous déchargez l'onde de manière ciblée sur un élément, ou de manière diffuse dans un périmètre choisi. Fantastique, les états de conscience et de matière sont dans vos mains. Vous transformez et régulez à la demande…

Reste à savoir se contenir concernant le danger, explorer prudemment et progresser vers une connaissance sûre.
Une connaissance sûre est-elle salutaire pour tous ?
Reste à savoir ce que l'on fait de cette connaissance en termes de miracle et de pouvoir.

Le vide héberge l'énergie, le vide circule l'énergie, c'est un champ ondulatoire, c'est l'information du milieu, c'est le potentiel d'expression contenu, il est partout, il est la composante essentielle de notre univers. L'énergie du vide est magnétisme, tout en est une expression particulière, tout en émet, tout en reçoit.

Voilà pour le petit topo. A bon entendeur... A explorer avec modération, en bonne connaissance, à la mesure de ses capacités et de ses objectifs, en connaissance de causes et d'effets quant à soi-même et son environnement.

NB : Tout est information. Tout est une affaire d'attraction ou de répulsion d'informations. La force d'attraction la plus puissante que nous connaissons, nous l'appelons 'amour'. L'énergie du vide exprime cette force, elle relie tout notre monde, elle nous relie aussi, c'est aussi de l'amour. L'amour est l'énergie créatrice la plus puissante que nous pouvons développer. Observez vivre ce vide entre vous et l'autre, apprenez à l'écouter et le relier sagement. Sachez aimer et vous remplir d'amour.

Eléments de prière

Prie pour soutenir, prie pour aider, prie pour donner force à l'intention, prie pour toi, prie pour l'autre, prie pour l'heur.
Forme ta prière, incarne-la, conjugue-la, réalise-la.
Médite une pensée dans le vide et remplis-le.
L'intention prend forme et force au cœur.

Cœur
Au nom du corps, de l'esprit et de l'union sacrée, en notre cœur est la bénédiction.
Par le lien et le pouvoir du cœur sacré, nous partageons cette bénédiction.

Pouvoir
Tu le sais, l'amour nous relie par le cœur comme le cœur nous relie par l'amour, en un pouvoir créateur tout puissant.
Qu'il en soit fait selon ton âme.

Délivrance
Délivre ta souffrance.
Libère cette souffrance et fais-la passer.
Décharge cette humeur et retrouve l'équilibre.
Répare et revis en harmonie.
Un mouvement fluide, doux et paisible s'installe.
Cette énergie régule, nourrit le vivant et évacue l'excès.

Réalisation
Réalise ton souhait en matière.
Qu'il prenne forme et te soit confié.
Reçois ce concret et donne-lui sens.
Fais-le servir et embellir.

Humain

Tu lui dis :
Tu as souffert, et peut-être plus que tu veux bien l'admettre.

Il te répond :
Oui. Certains diront même 'beaucoup', ou 'trop'. Et alors ?...
Je connais des humains que leurs congénères ont fait souffrir toute leur vie. Ces humains ont certes souffert. Mais ils ont passé leur vie entière à ne pas cultiver la souffrance, à la refuser et la transformer. Ils ont passé leur vie entière à expliquer que la souffrance n'est ni une fatalité ni une nécessité à notre vie. C'est peut-être la raison pour laquelle la foule des humains s'est appliquée à les accabler de souffrances. Certains ont trouvé un refuge leur permettant de décéder à l'abri de trop de violence. D'autres sont morts dans de grandes douleurs. Mais personne n'a jamais pu les abolir. Chacun de ceux-là a dû se séparer de la société, d'une façon ou d'une autre. Mais aucun ne s'est séparé de l'humain, des humains.
Tous sont partis en paix.

Tu constates ses souffrances et tu voudrais qu'il se ravise...
Tu voudrais qu'il se ravise, pensant qu'il souffrirait moins...
Tu penses qu'il se fait peut-être souffrir tout seul...
Tu penses qu'il se fait souffrir pour rien...
Il t'a répondu.
Il sait ce qu'il fait.
Il a choisi de ne pas cultiver la souffrance.
Alors, pourrais-tu simplement admettre son choix ?
Alors, pourrais-tu simplement ne pas le faire souffrir ?

Sa seule récompense

Tu lui dis ton pardon.
Tu lui dis ton repentir.
Tu lui dis ta vertu à venir.
Tu lui amènes tes contreparties.
Tu lui promets ta fidélité.
Tu lui présentes ton corps.

Il reçoit ta démarche, il l'accepte.
Mais il t'arrête dans ton infini dévouement.
Ton dévouement n'en est pas un.
Tu lui offres simplement ta soumission de circonstance.

Il connait le pardon, il t'a offert de le lui dire.
Il connait le repentir, il t'a offert de le lui partager.
Il connait la vertu, il t'a offert de la cultiver.
Il connait les contreparties, il t'a offert de les garder.
Il connait la fidélité, il t'a offert de l'apprécier.
Il connait ton corps, il t'a offert de le découvrir.

Mais il n'attend pas de toi que tu te dévoues à lui.
Il n'attend pas de toi que tu te soumettes à lui.
Il attend de toi que tu puisses te libérer de tes fautes à jamais.
Il attend de toi que tu comprennes et te consacres à partager ton cœur dans les mains de l'autre comme il pose le sien dans les tiennes.

Sa seule récompense est de te savoir consacrée à ton cœur pour l'offrir en partage.
Sa seule récompense est de te voir t'aimer pour aimer ton prochain du même amour.

Bouleversée

Tu lui en voudras de t'avoir désolé
Tu lui en voudras de t'avoir affolé
Tu raisonneras sa culpabilité
Tu justifieras sa responsabilité

Nul ne peut penser faire autrement
Nul ne peut penser être indifférent
Ton ressenti est bien légitime
Ton sentiment est bien unanime

Oui, il t'a bien bouleversé
Oui, il t'a bien renversé
Mais tu ne sais pas son pourquoi
Mais tu ne vois pas son endroit

Aucune volonté de nuire
Aucune intention de détruire
Il agit par nécessité de prémunir
Il agit par devoir de soutenir

La tâche est ingrate sur l'instant
Les faits sont pénibles au présent
Mais il offre son amour pour ton salut
Mais il se livre pour te mener en vertu

Ne le déteste pas, tu l'abîmerais à tort
Ne le déteste pas, tu t'abîmerais à tort
Apaise-toi et vois ce qu'il te montre
Transfigure-toi et offre-lui cette victoire

Fais-le

Toi seul l'entendras
Toi seul le verras
Toi seul le feras
Parce que tu portes seul ton cœur

C'est ton royaume personnel
Il est ton pouvoir personnel
Sa connaissance t'est dédiée
Sa réalisation t'appartient

Explore la vie au cœur
Attache ton seul lien au cœur
Voyage partout, dedans et dehors
Ne quitte jamais ce lien
Reviens toujours te reposer ici

Tu trouveras le milieu
Ta vérité personnelle y habite
La vérité du monde s'y relie
C'est le royaume du monde

Tu le partageras à tous
Parce que tu l'auras entendu
Parce que tu l'auras vu
Parce que tu l'auras fait

Tiens ta main

Tu es quelquefois égarée
Tu es quelquefois malmenée
L'autre ne t'épargne pas
L'autre te crible en froid

Toi, tu as toute ta bonté à découvert
Toi, tu as tout ton pouvoir offert
Pourquoi cette tempête t'agresse
Pourquoi cette violence te blesse

La foule est excitée et fébrile
Tu es prise pour leur proie facile
L'humain t'accable de son fardeau
Tu vacilles pour préserver ta peau

Si tu souffres leurs aveux
Tu te tiens par ton milieu
Tu laisses ta paix s'engager
Tu livres ta piété à partager

Tiens ta main sur le cœur
Apaise l'excès ici sans peur
Repose-toi toujours ici
Repose l'autre encore ici

Ça n'est pas ton mal à toi
Ça n'est pas ta charge à toi
Ta compassion les recevra
Ton amour nous gardera

Tu es belle

Tu es belle quand tu parles ton amour
Tu es belle quand tu souris ta lumière
Tu es belle quand tu danses ta paix
Tu es belle quand tu chantes ton livre

Tu es belle quand tu portes ta joie
Tu es belle quand tu cours ton silence
Tu es belle quand tu souffles ta douceur
Tu es belle quand tu brilles ta justesse

Tu es belle quand tes yeux font jour
Tu es belle quand ta couleur éclaire
Tu es belle quand tes gestes font clé
Tu es belle quand ton parfum délivre

Tu es belle quand tes mains font trois
Tu es belle quand ta taille élance
Tu es belle quand tes dos font fleur
Tu es belle quand ta voix caresse

Regarde, comme elle est belle.
Allez, fais un effort, toi aussi sois beau…

Même si

Même si le ciel est orageux
Même si le sol est glissant
Même si le temps fait distance
Même si l'espace fait pression

Quand l'esprit est ombrageux
Quand le corps est blessant
Quand les liens font violence
Quand les gestes font tension

Tu es tête levée
Tu es pieds posés
Tu es âme déployée
Tu es cœur délivré

Tu penses à rêver
Tu bouges à danser
Tu relies à délier
Tu réalises à libérer

A toi le ciel, tu es la lumière
A toi le sol, ta forme épure l'harmonie
A toi le temps, tu es l'horlogère
A toi l'espace, ta place étend l'infini

Seuls

Je suis tu, tu es je
Je suis il, il est je
Je suis elle, elle est je
Je suis on, on est je
Je suis nous, nous sommes je
Je suis vous, vous êtes je
Je suis ils, ils sont je
Je suis elles, elles sont je

Je suis seulement tout ça
Tout ça est seulement je
Je vis seulement tout ça
Tout ça vit seulement je
Tous seuls ensembles
Ensemble tout seul
Humain en vivant
Vivant en humain

Qui es-tu ?
Qui est-il ?

Reviens

Reviens entièrement
Entièrement sans rien d'autre
Autre qui ne soit pas toi
Toi en ton être retrouvé
Retrouvé après l'oubli
Oubli de l'avoir écouté
Ecouté sans aucun respect
Respect négligé par arrogance
Arrogance de circonstance
Circonstance illusoire
Illusoire de l'occulter
Occulter le sang du désespoir
Désespoir d'exister
Exister par intérêt
Intérêt à acheter
Acheter et vendre son corps
Corps et esprit
Esprit corrompu
Corrompu de pouvoir
Pouvoir se perdre
Se perdre et tomber
Tomber mais apprendre
Apprendre à se relever
Relever le regard
Regard sur son monde
Monde autour de soi
Soi au milieu du décor
Décor incroyable

Incroyable de réalité
Réalité révélée
Révélée et reconnue
Reconnue en vérité
Vérité d'existence
Existence de toujours
Toujours jamais disparu
Disparu de tes yeux
Tes yeux clos par peur
Peur de vivre soi
Soi est toujours là
Là, avant et après tout
Tout au milieu de toi
Au cœur est l'âme
L'âme est restée
Restée attendre
Attendre que tu vois
Vois qui tu es

Reviens
Rien ne l'a touchée
Seul toi peux la toucher
Reviens

Danse neutre

Ton monde est neutre absolu
Mais il bouge en continu
Pas de repos dans la transe
Pas d'accalmie sans relance

Tu voudrais un vent sans souffle
Tu voudrais un esprit sans trouble
Tu voudrais un soleil sans brûlure
Tu voudrais un corps sans blessure

N'attends pas cet idéal
Tu souffrirais sans égal
N'espère pas cet avantage
Tu regretterais les ravages

Accepte ces mouvements
Apprends le renversement
Suis la course des éléments
Conduis-toi en accompagnant

Si tu chantes cette mélodie
Tu vivras en harmonie
Si tu danses ce ballet
Tu vivras en paix

Ton monde est équilibre
Alors son art est libre
Il est le geste perpétuel
Son centre conjugue l'éternel

A ton adresse

Tu parles à l'autre
C'est à ton adresse
Tes mots sont les nôtres
Dis-les avec justesse

Tu les regardes s'agiter
C'est ton corps vivant
Tes yeux sont orbités
Ouvre-les doucement

Tu ressens la défiance
C'est ton jeu d'intégrité
Tes perceptions sont ta confiance
Traduis-les en sincérité

Tu relationnes avec eux
Ils sont ton ambiance
Ton rôle est posé au milieu
Ils sont ta résonance

Ecoute-toi comme tu l'entends
Observe-toi comme tu le vois
Evalue-toi comme tu le sens
Considère-toi comme tu le reçois

Reconnais-toi comme l'autre
Prends ta condition comme la leur
Fais de cette rencontre la nôtre
Exprimes-en la lumière pour valeur

Ouvre

? De qui te protèges-tu
? De quoi te protèges-tu
? Es-tu en danger
? Es-tu pourchassé

? C'est quoi se protéger
? Comment se protéger
? Doit-on se cacher
? Doit-on s'enfermer

Reste toujours ouvert
Vis libre au grand air
Ne te soumets pas un enfer
Ne néglige pas ton univers

Pose et partage ta musique
Sécurise ton périmètre physique
Tranquillise ta sphère idéalistique
Reste ouvert à ta mystique

Le danger ne fait pas loi
Il ne régit que sa foi
N'entre pas dans cet étroit
Cultive un autre émoi

Alors, ne ferme rien
Choisis et oriente ton chemin
Laisse circuler le vivant
Ouvre ton espace en grand

Equitable inégalité

Sois sincèrement satisfait de toi
Que ton comportement te soit acceptable
Que ton estime personnelle soit recevable
Sache instruire ta responsabilité et tes aléas

N'exige pas de l'autre plus que de toi
S'il est insuffisant, propose ta connaissance
Tu apprendras certainement de son expérience
Sois toujours humble et enrichis ton exploit

N'exige pas de toi plus que de tout autre
S'il te dépasse, bénéficie de sa connaissance
Il apprendra certainement de ton expérience
Sois toujours humble et enrichis ta rencontre

Donne toujours plus que ce que tu reçois
En réalité, tu reçois plus que tu en as conscience
Remets tout ce qui ne sert pas ton expérience
Fais-le sans retour, cela appartient à qui l'emploie

Ne te démunis jamais de ce qui t'est nécessaire
En réalité, personne d'autre n'en fera meilleur usage
Ne garde que ce qui te construit et porte ton âge
Le reste doit nourrir la réalisation d'un autre émissaire

Ce que tu as, tu en profiteras avec l'autre
Ne cherche pas l'égalité à ton prochain, elle est défavorable
Fais servir l'échange, cet énigmatique équilibre est équitable
Ce que tu n'as pas, tu en profiteras avec l'autre

Prochain

Il est ton reflet
Il est ton complément
Il est ton mystère
Il est ta vérité

Tu es son attache
Tu es sa critique
Tu es son évidence
Tu es sa réalité

Il te connait
Il te découvre
Il t'amuse
Il t'attriste
Il te frappe
Il te caresse
Il te questionne
Il te répond
Il t'attire
Il te repousse

Tu l'aimes
Tu le détestes
Tu le cherches
Tu le fuis
Tu l'attaques
Tu le protèges
Tu l'accompagnes
Tu l'abandonnes
Tu l'admires
Tu le méprises

Il est ton prochain
Tu es son prochain
L'autre version de soi
L'autre origine de soi

Reçois-le toujours
Ne l'ignore jamais
Respecte-toi toujours
Ne te néglige jamais

Le prochain résonne
Passant à venir
Vivant à réunir
Le prochain raisonne

Dogme

Désinstitutionnalise ta religion
Le dogme administratif n'est pas bon
Désinstitutionnalise ta science
Le dogme administratif est sans conscience

Sois libre de donner sens à ton cœur
Il est la voie de la raison
Sois libre de donner sens à ton labeur
Il est la voie de l'intention

Le cœur ne génère pas de violence
La raison ne génère pas de déviance
Le labeur aboutit ta création
L'intention aboutit ta vibration

Relie ta conviction tout autour
Fais de ta religion une place vivante
Eprouve ton art tout autour
Fais de ta science une idée vivante

La souffrance est au mensonge manigancé
La vertu est à la sincérité émancipée
Le vivant déploie sa danse, au dedans, au dehors
La raison et le tort vivent, en dedans, en dehors

Chacun porte une image de vérité
N'en fais pas une scène pétrifiante
Chacun porte un geste de lucidité
N'en fais pas une guerre affligeante

Ton cœur sait danser, suis-le

Ton destin

Tes choix sont souverains
Prends-les sans les déléguer
Reprends un pouvoir assumé
C'est la place de tout humain

Ton destin entre tes mains
Rejoins ta responsabilité
Retrouve ta sincérité
C'est la lumière de ton lendemain

Tu crées au quotidien
Ecris ta propre prophétie
Réfléchis en toi La Boétie
C'est ta condition qui te revient

Sois l'écrivain
Sois le penseur
Sois le rêveur
Sois le devin

Fais ton destin
Fais ton action
Fais ta mission
Fais ton chemin

Donne à voir ce que tu deviens
Donne à voir ta belle gageure
Donne à voir ta bonne figure
Donne à voir bon sens à l'humain

Aimer encore

Qui aimes-tu encore assez pour partager ses souffrances avec lui, avec elle ?
Qui t'aime-t-il encore assez pour partager tes souffrances avec lui, avec elle ?
Qu'est-ce que partager les souffrances avec quelqu'un ?
A quoi bon, s'il s'agit de souffrances ?

La souffrance n'est certainement pas à cultiver.
Cependant, lorsqu'elle nous visite, ce n'est pas toujours de notre seule responsabilité. Lorsqu'elle s'invite dans notre vie, nous pouvons la partager. Il n'est pas bon de la partager pour doubler le mal. En toute chose réside le bien et le mal. Ce que l'on en fait relève bien de notre responsabilité. Alors, la souffrance peut se partager pour soulager, apaiser, circuler ce moment difficile et le passer. C'est la compassion que l'on peut donner ou recevoir en soutien. Ce partage n'a lieu que par la volonté des deux intéressés, souffrant et aidant. Lorsque ce partage a lieu, il arrive qu'il puisse faire miracle. Ce partage n'est pas plus un choix de capacités physiques que de raison bienveillante. C'est un choix de cœur, et toute sa puissance s'exprime ici par amour. Ce partage nécessite de l'amour, beaucoup d'amour. Pas d'un amour d'opportunité ou d'agenda, pas d'un amour de convention sociale. De l'amour entier, ni celui du seul corps ni celui du seul esprit, celui de l'ensemble, celui d'une âme.

Alors, aimes-tu encore assez quelqu'un pour pouvoir partager ses souffrances, pour pouvoir lui partager tes souffrances ?
Quelqu'un t'aime-t-il encore assez pour pouvoir partager tes souffrances, pour pouvoir te partager ses souffrances ?

Notre cœur a tout pouvoir, rends-toi à lui.

Pas là

Quand tu t'en vas
Quand tu n'es plus là
C'est la course à l'espoir
C'est la fête au désespoir

Si tu reviens un jour
Ce sera pour toujours
Si tu reviens jamais
Ce sera pour l'éternité

Tu reviens sans pourquoi, sans savoir
Tu repars sans souvenir, sans au revoir
Tu vogues à l'appel des lunes
Tu te perds au son des brumes

Tu fuis au-dehors en présence
Tu restes au-dedans en absence
Tu manques d'échapper
Tu brûles de manquer

Où es-tu allé frayer
Es-tu à exulter ou à pleurer
Quel prix as-tu trouvé à ton existence
Transpires-tu en douceur ou dans l'urgence

Quand est-ce que tu reviens
Comment seront tes reins
Supporteras-tu de regarder
Auras-tu appris à aimer

Quelqu'un t'attend quand tu cesseras de t'évader
Dis-lui qui tu es pour qu'il puisse te reconnaitre
Si tu lui dis ce que tu as abimé dans tes voyages
Si tu lui dis ce que tu as réparé dans tes voyages
Il te dira comment te reconnaitre
Il te dira comment te sauver

Où es-tu ?

L'heure est venue

Voici ton heure venue
C'est le moment de ta revue
Tu fais face au pouvoir
Sois sûr que ce n'est que ton miroir

Ce pouvoir dépasse ton orgueil
Il faut te conformer à ce deuil
Ton mépris habituel n'y fait rien
Vouloir l'éviter est vain

Non, tu ne quittes pas ton corps
Mais ce qui vient, c'est bien la mort
Tu dois lâcher ce qui n'est pas pour toi
La seule vérité est rappelée, elle fait loi

La mort est une fin et un renouveau
Tout l'extérieur sera libéré de ton anneau
Seul ce qui ne meurt jamais subsiste
C'est tout dedans que vit cet idéaliste

Si tu as grandi ce qui ne meurt jamais
Grande est ta richesse intérieure à relier
Si tu retiens le dehors sans le libérer
Ta souffrance grandit et te tue à jamais

Qu'as-tu fait jusqu'alors
As-tu travaillé l'intérieur pour le partager au dehors
C'est ta chance de poursuivre et d'en profiter
Il est temps de dévoiler ta fortune, l'offrir et la relier

Qu'as-tu fait jusqu'alors
As-tu méprisé l'intérieur pour ton orgueil du dehors
C'est ta chance de reprendre et de te rectifier
Il est temps de cesser tes putasseries, venir et travailler

Tu peux ne pas vouloir, préférer l'attente
Ta prochaine mort en sera d'autant plus violente
Ton heure est venue, saisis ce mémo
En face de toi, ce pouvoir aura le dernier mot

Propre

Tiens-toi propre
Propre de corps
Corps comme esprit
Esprit de ta réalité
Réalité d'état reconnu
Reconnu en sa place
Place offerte au regard
Regard intéressé
Intéressé à comparer
Comparer l'efficacité
Efficacité et rentabilité
Rentabilité à préserver
Préserver son intégrité
Intégrité pour exister
Exister en compétition
Compétition de subsistance
Subsistance ou défaillance
Défaillance d'avoir négligé
Négligé d'attention
Attention à porter
Porter en dedans
Dedans c'est moins lourd
Lourd à s'effondrer
S'effondrer en larmes
Larmes toujours liquides
Liquide exfiltré
Exfiltré par la faille
Faille à chaque entaille
Entaille le mouvement

Mouvement continu
Continu insaisissable
Insaisissable pourquoi
Pourquoi aller par là
Là où le vent s'en va
Va droit devant
Devant ton espoir
Espoir de voir clair
Clair par tous temps
Temps de passer ici
Ici et partout ailleurs
Ailleurs j'y serai aussi
Aussi vivant
Vivant entièrement
Entièrement propre
Propre si j'y tiens

Chien !

Un chien est bien plus recommandable
Ton pouvoir est une fabrique misérable
Tu affames et assoiffes corps et esprits
Tu violentes dans le silence de ton mépris

Tu régules et soumets l'autre à la faim
Tu ne sers jamais et tu écartes la main
Tu pervertis et entretiens la carence
Tu mates toute initiative d'émergence

Rien ne touche ta brutalité forcenée
Tu n'attends rien qui puisse te raisonner
Ni demande, ni amour, ni reconnaissance
Tu veux juste dominer par maltraitance

Tu fais se battre les tiens sur des miettes
Tu nourris les chiens de belles assiettes
Tu montres ton opulence et contrains de droit
Tu veux responsabiliser l'autre, mais il s'agit de toi

Il a éprouvé la soif et la faim
Il a éprouvé la violence d'humain
Il a éprouvé sa souffrance infâme
Il connaît la toute-puissance de l'âme

De quoi as-tu peur à ce point
Comment oses-tu distiller ce venin
Sa compassion est plus forte, il te soignera, tu te laveras
Sa miséricorde est plus forte, il te guérira, tu te rachèteras

Devenir

Vivre à la fin du temps
Là où tout bascule en un instant
Vivre au bout de l'espace
Là où l'infini prend sa place

Ecouter le dernier son
Là où résonne la chanson
Regarder la dernière image
Là où le spectacle rend sage

Rêver le dernier voyage
Là où naissent les présages
Penser la dernière idée
Là où l'écrit est décidé

Sentir le dernier frisson
Là où se cherche l'unisson
Toucher le dernier corps
Là où disparait l'effort

Goûter la dernière saveur
Là où se pose la douceur
Respirer la dernière odeur
Là où le parfum est à fleur

Laisser la réalité s'évanouir
Comme une vie à s'épanouir
Accueillir la vérité revenir
Comme une vie en devenir

Femme

Femme entière
Sois pleinement sincère
Retrouve ta vérité sans censure
Tu tiens l'humain dans ta nature

Féminité absorbe, allège, apaise et harmonise
Notre équilibre salvateur exprime ta maitrise
Mouvement et alchimie du vivant sont révélés
Prends place en notre foyer, tu en tiens les clés

Femme, sois véritable
Sois cette force charitable
Sois cette douceur inébranlable
Sois cette raison incontournable

Nous avons besoin de ta renaissance
Nous avons besoin de ta connaissance
Nous avons besoin de ta confiance
Nous avons besoin de ta résonance
Nous avons besoin de ta résilience
Nous avons besoin de ton intelligence
Nous avons besoin de ton élégance
Nous avons besoin de ta guidance
Nous avons besoin de ton espérance
Nous avons besoin de ton indulgence
Nous avons besoin de ta bienfaisance
Nous avons besoin de ton évidence
Nous avons besoin de ta présence

Déploie ta présence pour tempérer notre absence
Déploie ta lucidité pour tempérer notre ignorance
Déploie ton humilité pour tempérer notre exigence
Déploie ta beauté pour tempérer notre suffisance
Déploie ton sourire pour tempérer notre souffrance
Déploie ton pouvoir pour tempérer notre impuissance
Déploie ta musique pour tempérer notre décadence
Déploie ta fluidité pour tempérer notre inconstance
Déploie ton souffle pour tempérer notre errance
Déploie ton geste pour tempérer notre imprudence
Déploie ta bonté pour tempérer notre indifférence
Déploie ta danse pour tempérer notre transe
Déploie ta tendresse pour tempérer notre détresse

Pose ta tendresse et corrige notre violence
Pose ta sensibilité et corrige notre négligence
Pose ton regard et corrige notre démence
Pose ta main et corrige notre méfiance
Pose ta marche et corrige notre urgence
Pose ta pensée et corrige notre déviance
Pose ta sérénité et corrige notre impatience
Pose ta parole et corrige notre médisance
Pose ta sagesse et corrige notre arrogance
Pose ta générosité et corrige notre carence
Pose ta compassion et corrige notre nuisance
Pose ton rêve et corrige notre inconscience
Pose ton amour et corrige notre parcours

Répand ton amour, qu'il nous apprenne à te chérir
Femme, accepte de venir
Prends les clés de notre devenir
Prends-nous dans ton désir

Accepte de nous écouter grandir
Accepte d'accompagner notre repentir
Accepte de nous aider à accueillir
Accepte de pouvoir enfin nous réunir

Femme, prends ton cœur en vérité
C'est en son sein que tu tiens notre devenir
Femme, prends ta place en sincérité
C'est de là que tu nous amèneras ton désir

Elève-nous en conscience
Rectifie-nous en puissance
Mets ton amour en notre plaie
Aime-nous s'il te plait, aime-nous s'il te plait

Confiance

Confiance sans appartenance
Confiance sans intermittence
Confiance sans ingérence
Confiance sans défiance

Confiance en responsabilité
Confiance en réciprocité
Confiance en loyauté
Confiance en dualité

Confiance par transmission
Confiance par révélation
Confiance par affection
Confiance par relation

Confiance exprimée
Confiance partagée
Confiance dévoilée
Confiance cultivée

Confiance de confidence en partage
Confiance de partage en confidence
Confiance d'éthique en estime
Confiance d'estime en éthique
Confiance de liberté en union
Confiance d'union en liberté
Confiance de soi en l'autre
Confiance de l'autre en soi

Chaque signe

Reçois l'information sans préjugés
C'est juste un signe que tu perçois
Prends ce message à ton compte
Il est toujours signifiant pour toi

Accueille l'information telle quelle
N'interprète pas l'aléa sans savoir
Tu te mettrais trop souvent en erreur
Tu fausserais tout ce qui s'ensuit

Intègre et regarde au plus simple
Extrais-toi de la scène et renseigne-toi
Considère l'information, ne l'ignore pas
Questionne si elle est insuffisante

Une information ne doit pas être négligée
Mal connue, elle doit être éclairée
Comprise, elle doit être positionnée
Elle sera exploitée ou écartée en connaissance

Décide de son sort dans les règles
Tu reçois et éclaire en neutralité
Puis, tu mets en relation à ton cas
Enfin, tu diriges en une suite choisie

Sache prendre le temps d'éclaircir
Sache prendre compléments et précisions
Ton interprétation hâtive est mauvaise
Ton attente passive l'est tout autant

Chaque signe s'articule dans un ensemble
Mais opère-les un à un, indépendamment
Ta neutralité et ta sérénité en dépendent
C'est ainsi que ton regard est clair et sûr

Un scénario émerge de l'ensemble
Mais cela s'organise de toute façon
C'est en filtrant chaque élément que tu orientes
Le scénario se forme, tu choisis les composantes

Ne dis pas 'si j'avais su' ou 'j'aurais dû penser à'
Ne te laisse pas tenter à relier les signes trop vite
Considère et suis d'abord la venue de chacun
Si besoin, ils se relieront vraiment tout seuls

N'aie aucun regret d'avoir été sans préjugés
Tu t'es donné les bons moyens de bien juger
Alors, ce que tu juges est bon et cohérent pour toi
Peu importe les apparences du moment, tu as bien fait

Ne regrette pas les scénarios plus ou moins faciles
Traite l'information correctement, tu prends le meilleur
Le meilleur n'est pas toujours évident pour toi
Mais il en est pourtant ainsi

Tu ne décides pas l'information que tu reçois
Mais tu peux maitriser ce qu'elle devient
Accepte-la et ne la néglige pas, juge-la correctement
C'est ça le meilleur pour toi, tu le construis tous les jours

Ne t'agite pas

Ne t'agite pas outre mesure
Tes réactions impulsives ne sont pas sûres
Tu réagis à combler ta peur dans l'urgence
Tu te perds à errer en déviances

L'urgence contraint et étouffe ta conscience
Tu oublies le cœur qui assure ton bon sens
Tu actes tes membres sans intelligence
Tu actes ton mental sans cohérence

Ne procrastine pas, agis mais reste calme
Prends le temps de te centrer sur ton âme
Tes actes orientent les possibles à venir
Sache envisager et préparer ton devenir

Ouvre l'information vers le juste objectif
Chaque posture favorise ou éloigne des motifs
Ton désir se construit par étape des jours
Accepte d'avancer et bâtis ton parcours

Tu t'abimes en refusant tout sauf ton exigence
D'illusions en désillusions, ton avenir est décadence
Arrête-toi, tu t'agites et détruis toute alternance
Tu dois défaire cette machinerie en dégénérescence

Lorsque tu t'empresses à l'opportunité erronée
Sache réparer et rectifier la marche de ta destinée
Sache t'enseigner et rouvrir ce que tu as fermé
C'est toi qui le feras, tu dois agir et transformer

Ne fuis pas, reviens chez toi, au lieu de ton état
Il faut ranger tout ça, prendre en main le constat
Alors, tu repartiras apaisé vers un avenir choisi
Tracer le bon sens d'un vrai parcours de vie

Accomplir doucement ta sincère intention
Offrir ouvertement ta sereine progression
Aimer ce que tu fais et le partager de ta main
Aimer nourrir le monde de l'autre de ton soutien

Amène cette part de ton cœur menant ta vie
Offre-la en renouveau à celui que tu as trahi
Offre-la en partage à celui qui la reconnait
Tu t'ouvres à recevoir plus que tu l'imaginais

Prophète

Tu connais tes non-dits
C'est ta parole la plus forte
Celle qui dit tous les interdits
Celle qui ouvre toutes les portes

Sois sûr que tu as bien dit
Le silence t'a entendu
C'est inscrit au grand récit
C'est acté comme tu l'as voulu

Tu es prévenu par les non-dits
Il faut conter avec cette prophétie
Sans aucun regret ni paradis
Tu dois poursuivre l'acrobatie

L'idée des mots est établie
L'image des faits est révélée
Un formulaire est rempli
La mise en forme est appelée

Tu l'as fait sans mot dire
La prophétie est invincible
Regarde l'avenir qui s'étire
Il faut suivre cet indicible

Tu es prophète, tu l'as décrété
Tu l'as bien cherché, c'est acté
Sois sûr de bien parler
Tu portes la marque de ta réalité

Fais ton choix

Choisis en âme et conscience
Choisis toute instance en présence
Tu n'échappes pas à l'instant fugace
Tu n'échappes pas au choix qui passe

Le choix que tu ne fais pas est acté sans toi
Le choix que tu fais impacte tout état
Prends chaque choix en ta main
Prends position sur ton lendemain

Les propositions ne te vont pas
Alors fais aussi savoir ton état
Ne choisis pas la mauvaise pratique
Ne pas la choisir est ton éthique

Refuse le diktat qui t'échoit
Fais toujours valoir ton choix
Ne le laisse à personne d'autre
Construis ta marque, sois ton apôtre

Ne mets pas ton intégrité en porte-à-faux
Ne la valide pas en des choix par défaut
Ne la dégrade pas en des choix contraires
Que ton identité personnelle soit sincère

Le libre choix individuel prime
Le collectif émerge de ce qu'il exprime
Sois vivant, participe au collectif de ton égo
Vote pour toi, fais que le collectif porte l'égo

Le poids du passé

Ne fais pas du passé un poids
Le temps ne vit qu'une fois
Il fait sa course avec ou sans toi
Ce que tu saisis est écrit pour toi

Ne néglige pas le passé acté
Il marque les acquis à exploiter
Il assoit la suite de ton récit
Poursuis et développe ta vie

Tourne-toi vers le futur possible
Il contient ton présent accessible
Il figure ton passé en devenir
Sur lui, tu poseras ton avenir

Ton passé instruit ton parcours
Fais-le servir à élever tes jours
Lorsque tu l'as exploité, il s'évacue
Un autre vient chercher une issue

Le temps se construit dans l'instant
Ton passé appelle ton futur présent
Ton présent transforme ton passé
Le futur te pousse à te dépasser

Tout se joue dans l'instant, c'est ton présent
Convoque ton passé, saisis ton futur, c'est maintenant
Le passé se dissout, le futur se concrétise
Passe à autre chose, accueille et conscientise

Danse

L'unité se sépare
De deux, le trois s'empare
Une danse s'élance
Le milieu pour seule exigence

La vie se démultiplie
Elle relie la rupture établie
Le mouvement se répand
Chaque élément en dépend

A quatre, on suit l'unisson
Avec un cinq pour seule raison
A six, on échange ouvertement
Trois pour un sept de ralliement

Les milieux dansent ensemble
Autour d'un milieu qui assemble
Le bal s'intensifie et résonne
La liesse est toujours synchrone

Puisque certains dansent
D'autres chantent la transe
La musique s'écrit en l'air
La magie joue son univers

Nous vivons en premiers
Nous aimons en derniers
Dansons et chantons sans peur
La musique se prend au cœur
C'est Dieu qui l'écrit

Je

Fais ton je pour toi
Tu existes bien par là
Choisis-toi pleinement
C'est ton premier accomplissement

Ton identité est individuelle
Connais-toi vraiment
Fais-le savoir autour
Ce je est ta place

Joue entièrement ce je
Comprends-le dedans et dehors
Ne t'y attarde pas plus
Ce n'est que le petit je

Tu dois passer au on
Ton monde s'ouvre ici
Explore-le humblement
Il est ta première union

Commence à risquer ton cœur
Ce cœur qui tient ton je
Découvre et partage-toi
Le on t'accompagne plus loin

Ce on reconnait ton je
Tu te reconnais en lui
Ton je reste unique
Le on l'appelle vers l'universel

Préserve un je propre
Le on s'en accommode
Cultive l'autre de même
Le on et le je grandissent ensemble

N'en reste pas là
N'oublie ni l'un ni l'autre
Maintenant tu sais voir
Le grand je est dévoilé

Tu es ce je avec on en nous
Tu vois on à l'intérieur comme à l'extérieur
Tu vois je à l'extérieur comme à l'intérieur
Ton je est celui de l'autre

Tu fais ton unicité dans l'ensemble
L'ensemble amène le je
Je est ton seul lien de vie
L'autre et le on te font vivre

Ta présence est au grand je
Il y va de ton intégrité
Ta responsabilité est en ta sincérité
Ton identité se révèle en celle d'un univers

Le grand je est ton accomplissement
L'aboutissement de ta personne en son monde
Tu vis ta place partout
Ton cœur est en partage

Je est ouvert
Les cœurs sont reliés
On continue ensemble
Je suis vivant en nous

Oui et non

Ne dis pas oui là où il faut dire non
Ne dis pas non là où il faut dire oui
Ne prétends pas à dominer la pureté pour de l'orgueil
Ne te soumets pas à la putasserie pour de l'amour
Ne cultive pas l'orgueil en prétendue domination à l'amour
Ne corromps pas l'amour en putasserie soumise à l'orgueil

L'orgueil est facile et semble te protéger
Mais il salit, pourrit et ronge
L'amour est risqué et semble te fragiliser
Mais il embellit, purifie et renforce

Sache dire non à l'orgueil pulsionnel
Il ne comble pas le manque d'amour
Il ne guérit pas la peur d'aimer
Il ne domine pas l'amour qui te bouscule
Il te pourrit en saloperies, il est ignominie

Sache dire oui à l'amour serein
Il n'appelle pas le besoin d'orgueil
Il n'abime pas le courage sans orgueil
Il ne se soumet pas à l'orgueil qui s'immisce
Il te purifie en puissance, il est resplendissance

Sache dominer l'orgueil
Dis non à la pulsion de son envie frivole, sale et malhonnête
Méfie-toi de lui en toutes occasions
Reconnais son message et refuse de lui donner forme
Ne mets pas ton corps et ton esprit à saloper

Sache te soumettre à l'amour
Dis oui à la sérénité de son désir sûr, beau et sincère
Confie-toi à lui sans conditions
Reconnais son message et accepte qu'il te donne forme
Remets ton corps et ton esprit à resplendir

Mains

Ton corps aux mains
Tes mains au corps
L'esprit en mains
Les mains en esprit

Ne lâche pas un geste impulsif, tendu et choquant
Ne violente pas, ne force pas, ne serre pas, n'agrippe pas

Délivre un geste compris, doux et apaisant
Caresse, accompagne, délie, soutiens

Pose tes mains avec amour
C'est un privilège de te partager
Touche avec affection
C'est un privilège de rejoindre l'autre
Prends avec douceur
C'est un privilège de tenir ensemble

Le privilège est pour toi
Le privilège est pour l'autre
Respecte-le de tout ton cœur
Sois digne de ton âme par tes mains

Dévoile-les uniquement par amour
Ne les confie en aucun autre cas
Tes mains présentent ton cœur
Garde-les propres et honnêtes, toujours ouvertes

Triche

Fais ce que tu dis
Dis ce que tu fais
Fais-le sincèrement
Dis-le honnêtement

Ne triche pas
Tu t'abimes seul
Ne dissimule pas
Tu te ronges seul

C'est pour toi-même
Si vraiment tu t'aimes
C'est pour l'autre-même
Si vraiment tu l'aimes

Sois sans truquerie
Tu portes en propre
Sois sans tromperie
Tu imprègne en propre

Agis de ton âme
Résonne de ton cœur
Agis en conscience
Résonne en reliance

Ascèse

Ascèse en douceur
Ne souffre pas la douleur
Ascèse sans contrainte
Trouve la tendre étreinte

Ralentis le corps et l'esprit
Le geste est ferme, gentil et compris
Pose une attention invincible
La parole est sûre, juste et paisible

Tu écoutes dedans et dehors
Tu bouges en relation au sort
Tu penses la sensation et l'onde
Tu existes en harmonie au monde

Ta place est stable
Ton ressenti est fiable
Ton mouvement capable
Ton devenir malléable

Tu tiens le présent
Il passe l'instant
Tu suis l'avenant
Il marque en passant

Tu demeures en ton cœur
Il ne connait pas la peur
Tu vis par ton âme
Elle est ton éternelle flamme

Crois en toi

Crois en toi
C'est le pouvoir à raisonner
Vis en ta foi
C'est la pensée à réaliser

Ne laisse pas ton corps agir seul
Il réagit sans savoir
Ne laisse pas ton esprit penser seul
Il projette sans pouvoir

En ton cœur réunis-les
Ils vivent ici indissociables
Par ton âme exprime-les
Ils existent ici ensemble

La croyance alimente le corps
La foi alimente l'esprit
Ton mouvement en sort
Ton parcours s'y inscrit

N'abandonne pas ce pouvoir aux puissants
Ils n'articulent pas ta présence
N'abandonne pas cette raison aux bienfaisants
Ils n'envisagent pas ta pertinence

Croire le bonheur t'appartient
Donne-lui forme en beauté
Poser foi en la paix te revient
Fais-lui place en piété

Ils peuvent

Donne-leur toute ta compassion
Car ils souffrent

Prends tout leur malheur
Car ils souffrent
Prends toute leur douleur
Car ils souffrent

Ne souffre pas leur malheur
Car tu délivres
Ne souffre pas leur douleur
Car tu délivres

Ils souffrent sans savoir
Sans savoir aimer
Ils souffrent sans pouvoir
Sans pouvoir danser

Tu vis de savoir aimer
Délivre leur mouvement
Tu vis de pouvoir danser
Délivre leur cœur aimant

Ils ont besoin de voir pour croire
Voir le vivant s'aimer
Ils ont besoin de sentir pour faire
Sentir l'âme s'animer

Tu leur montres l'énergie de vie
Nourris le corps et l'esprit
Tu leur fais vivre le sacré en vie
Transforme l'heur par magie

Accompagne leur travail
Car ils peuvent

Rêve

Rêve éveillé
Eveillé en conscience
Conscience de toi
De toi à l'autre
L'autre tout autour
Autour c'est ton monde
Monde animé
Animé en vivant
Vivant dans ton corps
Corps remuant
Remuant le vide
Vide plein d'idées
Idées nées d'esprit
Esprit réfléchi
Réfléchi en relations
Relations d'échanges
Echanges en accords
Accords harmoniques
Harmoniques entendues
Entendues pour s'aimer
S'aimer en douceur
Douceur de vivre
Vivre en paix
Paix en partage
Partage de soi
De soi en cœur
Cœur du je en moi
Moi en eux

Eux en nous
Nous ensemble
Ensemble pour je
Je le vois
Vois et touche
Touche et caresse
Caresse et épouse
Epouse la forme
Forme en pensée
Pensée réalisée
Réalisée en tes mains
Mains ouvertes
Ouvertes pour accueillir
Accueillir la vie
La vie d'un rêve
Un rêve à vivre

De rêve en réalité, une âme agit
De réalité en rêve, un cœur relie

Ta nature

Repose ta nature au milieu
Fais-en ta vie

Ta nature est en ton cœur
Ton cœur relie corps et esprit
Ton cœur relie dedans en dehors
Ton cœur relie ciel et terre
Ton cœur relie l'autre en toi

Ta nature est en ton cœur
Il est le serviteur, sers-le
Il est l'abri, protège-le
Il est serein, conforte-le
Il est vivant, anime-le

Ta nature est en ton cœur
Il est l'existence réalisée
Il est l'âme exprimée
Il est l'être apparu
Il est l'amour révélé

Ta nature est en ton cœur
Il émerge le début d'un tout
Il absorbe la fin d'un rien du tout
Il garde l'existence au centre
Il ouvre la vie autour

Ta nature est en ton cœur
Il contient tout temps
Il fait et défait le présent
Il intègre le futur au passé
Il diffuse le passé au futur

Ta nature est en ton cœur
Il libère tout espace
Il réduit et déploie le volume
Il accueille l'univers dedans
Il dévoile le monde dehors

Ta nature est en ton cœur
Il tient seul pour l'ensemble
Il met à concevoir et réaliser
Il traduit le bon ordre
Il informe en cohérence

Ta nature est en ton cœur
L'amour est la fin du début
L'amour est le passe temps
L'amour est l'espace en soi
L'amour est le seul ensemble

Aime-toi, là, dedans, ton travail est fini
Aime l'autre, là, dehors, le travail commence

L'amour est ta nature

L'auteur

Basty
basty.ecce@gmail.com
www.etreconscient.com

Autres parutions

* *être conscient - 2023 - 2024*
* *cœur de conscience (extrait de 'être conscient') - 2023 - 2024*
* *Réfléchis - hypothèse & notion - 2024*
* *notion - humain entre terre et ciel (extrait de 'Réfléchis') - 2024*
* *hypothèse - le vivant en réflexion (extrait de 'Réfléchis') - 2024*
* *Verbal - énoncé de ta réalité - 2024*
* *essentiels - repenser l'origine - 2024*
* *ecce - humain à mi-chemin (contient : être conscient, Réfléchis, Verbal et essentiel) - 2024*

Impression : Libri Plureos GmbH, Friedensallee 273, 22763 Hamburg (Allemagne)
Dépôt légal : octobre 2024